d

Wilhelm Busch

Max und Moritz

Eine Bubengeschichte
in sieben Streichen

für unsere Rita,
zum 23.9.1993
von Harry + Ivanci

Auf die leeren Seiten, kannst
Du liebe Rita, deine Streiche
schreiben. In Liebe
Ivanci

Diogenes

Die Bilder dieser Ausgabe sind nach einem
handkolorierten Frühdruck aus der Zeit um 1870
originalgetreu reproduziert worden.
Dr. Friedrich Bohne hat den Text nach der
Handschrift von 1864 neu durchgesehen und für diese
Ausgabe eigens ein neues Nachwort verfaßt.
Bild- und Textvorlagen stellte
das Wilhelm-Busch-Museum, Hannover,
zur Verfügung

Inhalt

Vorwort 7
Erster Streich 9
Zweiter Streich 17
Dritter Streich 24
Vierter Streich 31
Fünfter Streich 38
Sechster Streich 46
Letzter Streich 55
Schluß 61

Nachwort
von Friedrich Bohne 63

Vorwort

Ach, was muß man oft von bösen
Kindern hören oder lesen!!
Wie zum Beispiel hier von diesen,
Welche Max und Moritz hießen;

Die, anstatt durch weise Lehren
Sich zum Guten zu bekehren,
Oftmals noch darüber lachten
Und sich heimlich lustig machten. –
– Ja, zur Übeltätigkeit,
Ja, dazu ist man bereit! –
– Menschen necken, Tiere quälen,
Äpfel, Birnen, Zwetschen stehlen – –
Das ist freilich angenehmer
Und dazu auch viel bequemer,
Als in Kirche oder Schule
Festzusitzen auf dem Stuhle. –
– Aber wehe, wehe, wehe!
Wenn ich auf das Ende sehe!! –
– Ach, das war ein schlimmes Ding,
Wie es Max und Moritz ging.
– Drum ist hier, was sie getrieben,
Abgemalt und aufgeschrieben.

Erster Streich

Mancher gibt sich viele Müh
Mit dem lieben Federvieh;
Einesteils der Eier wegen,
Welche diese Vögel legen,
Zweitens: weil man dann und wann
Einen Braten essen kann;
Drittens aber nimmt man auch
Ihre Federn zum Gebrauch
In die Kissen und die Pfühle,
Denn man liegt nicht gerne kühle. –

Seht, da ist die Witwe Bolte,
Die das auch nicht gerne wollte.

Ihrer Hühner waren drei
Und ein stolzer Hahn dabei. –
Max und Moritz dachten nun:
Was ist hier jetzt wohl zu tun? –
– Ganz geschwinde, eins, zwei, drei,
Schneiden sie sich Brot entzwei,
In vier Teile, jedes Stück
Wie ein kleiner Finger dick.
Diese binden sie an Fäden,
Übers Kreuz, ein Stück an jeden,

Und verlegen sie genau
In den Hof der guten Frau. –

Kaum hat dies der Hahn gesehen,
Fängt er auch schon an zu krähen:
Kikeriki! Kikikerikih!! –
Tak tak tak! – da kommen sie.

Hahn und Hühner schlucken munter
Jedes ein Stück Brot hinunter;

Aber als sie sich besinnen,
Konnte keines recht von hinnen.

In die Kreuz und in die Quer
Reißen sie sich hin und her,

Flattern auf und in die Höh,
Ach herrje, herrjemine!

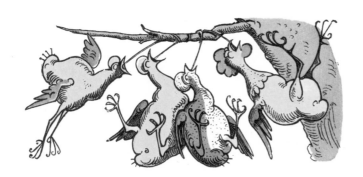

Ach, sie bleiben an dem langen
Dürren Ast des Baumes hangen. –
– Und ihr Hals wird lang und länger,
Ihr Gesang wird bang und bänger;

Jedes legt noch schnell ein Ei,
Und dann kommt der Tod herbei. –

Witwe Bolte, in der Kammer,
Hört im Bette diesen Jammer;

Ahnungsvoll tritt sie heraus:
Ach, was war das für ein Graus!

»Fließet aus dem Aug, ihr Tränen!
All mein Hoffen, all mein Sehnen,
Meines Lebens schönster Traum
Hängt an diesem Apfelbaum!!«

Tiefbetrübt und sorgenschwer
Kriegt sie jetzt das Messer her;
Nimmt die Toten von den Strängen,
Daß sie so nicht länger hängen,

Und mit stummem Trauerblick
Kehrt sie in ihr Haus zurück. –

Dieses war der erste Streich,
Doch der zweite folgt sogleich.

Zweiter Streich

Als die gute Witwe Bolte
Sich von ihrem Schmerz erholte,
Dachte sie so hin und her,
Daß es wohl das beste wär,
Die Verstorbnen, die hienieden
Schon so frühe abgeschieden,
Ganz im stillen und in Ehren
Gut gebraten zu verzehren. –
– Freilich war die Trauer groß,
Als sie nun so nackt und bloß
Abgerupft am Herde lagen,
Sie, die einst in schönen Tagen
Bald im Hofe, bald im Garten
Lebensfroh im Sande scharrten. –

Ach, Frau Bolte weint aufs neu,
Und der Spitz steht auch dabei.

Max und Moritz rochen dieses;
»Schnell aufs Dach gekrochen!« hieß es.

Durch den Schornstein mit Vergnügen
Sehen sie die Hühner liegen,
Die schon ohne Kopf und Gurgeln
Lieblich in der Pfanne schmurgeln. –

Eben geht mit einem Teller
Witwe Bolte in den Keller,

Daß sie von dem Sauerkohle
Eine Portion sich hole,
Wofür sie besonders schwärmt,
Wenn er wieder aufgewärmt. –

– Unterdessen auf dem Dache
Ist man tätig bei der Sache.
Max hat schon mit Vorbedacht
Eine Angel mitgebracht. –

Schnupdiwup! da wird nach oben
Schon ein Huhn heraufgehoben.

Schnupdiwup! jetzt Numro zwei;
Schnupdiwup! jetzt Numro drei;
Und jetzt kommt noch Numro vier:
Schnupdiwup! dich haben wir!! –
– Zwar der Spitz sah es genau,
Und er bellt: Rawau! Rawau!

Aber schon sind sie ganz munter
Fort und von dem Dach herunter. –

– Na! Das wird Spektakel geben,
Denn Frau Bolte kommt soeben;
Angewurzelt stand sie da,
Als sie nach der Pfanne sah.

Alle Hühner waren fort –
»Spitz!!« – das war ihr erstes Wort. –

»Oh, du Spitz, du Ungetüm!! –
Aber wart! ich komme ihm!!!«

Mit dem Löffel, groß und schwer,
Geht es über Spitzen her;
Laut ertönt sein Wehgeschrei,
Denn er fühlt sich schuldenfrei. –

– Max und Moritz, im Verstecke,
Schnarchen aber an der Hecke,
Und vom ganzen Hühnerschmaus
Guckt nur noch ein Bein heraus. –

Dieses war der zweite Streich,
Doch der dritte folgt sogleich.

23

Dritter Streich

Jedermann im Dorfe kannte
Einen, der sich Böck benannte. –

– Alltagsröcke, Sonntagsröcke,
Lange Hosen, spitze Fräcke,
Westen mit bequemen Taschen,
Warme Mäntel und Gamaschen –
Alle diese Kleidungssachen
Wußte Schneider Böck zu machen. –
– Oder wäre was zu flicken,
Abzuschneiden, anzustücken,
Oder gar ein Knopf der Hose
Abgerissen oder lose –
Wie und wo und was es sei,
Hinten, vorne, einerlei –
Alles macht der Meister Böck,
Denn das ist sein Lebenszweck. –
– Drum so hat in der Gemeinde
Jedermann ihn gern zum Freunde. –
Aber Max und Moritz dachten,
Wie sie ihn verdrießlich machten. –

Nämlich vor des Meisters Hause
Floß ein Wasser mit Gebrause.

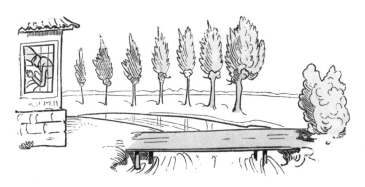

Übers Wasser führt ein Steg
Und darüber geht der Weg. –

Max und Moritz, gar nicht träge,
Sägen heimlich mit der Säge,
Ritzeratze! voller Tücke,
In die Brücke eine Lücke. –

Als nun diese Tat vorbei,
Hört man plötzlich ein Geschrei:

»He, heraus! du Ziegen-Böck!
Schneider, Schneider, meck meck meck!!« –
– Alles konnte Böck ertragen,
Ohne nur ein Wort zu sagen;
Aber wenn er dies erfuhr,
Ging's ihm wider die Natur. –

Schnelle springt er mit der Elle
Über seines Hauses Schwelle,
Denn schon wieder ihm zum Schreck
Tönt ein lautes: »Meck, meck, meck!!«

Und schon ist er auf der Brücke,
Kracks! die Brücke bricht in Stücke;

Wieder tönt es: »Meck, meck, meck!«
Plumps! da ist der Schneider weg!

Grad als dieses vorgekommen,
Kommt ein Gänsepaar geschwommen,

Welches Böck in Todeshast
Krampfhaft bei den Beinen faßt.

Beide Gänse in der Hand,
Flattert er auf trocknes Land. –

Übrigens bei alledem
Ist so etwas nicht bequem;

Wie denn Böck von der Geschichte
Auch das Magendrücken kriegte.

Hoch ist hier Frau Böck zu preisen!
Denn ein heißes Bügeleisen,
Auf den kalten Leib gebracht,
Hat es wieder gut gemacht. –

– Bald im Dorf hinauf, hinunter,
Hieß es: Böck ist wieder munter!!

Dieses war der dritte Streich,
Doch der vierte folgt sogleich.

Vierter Streich

Also lautet ein Beschluß:
Daß der Mensch was lernen muß. –
– Nicht allein das A-B-C
Bringt den Menschen in die Höh;
Nicht allein im Schreiben, Lesen
Übt sich ein vernünftig Wesen;
Nicht allein in Rechnungssachen
Soll der Mensch sich Mühe machen;
Sondern auch der Weisheit Lehren
Muß man mit Vergnügen hören. –

Daß dies mit Verstand geschah,
War Herr Lehrer Lämpel da. –

– Max und Moritz, diese beiden,
Mochten ihn darum nicht leiden;
Denn wer böse Streiche macht,
Gibt nicht auf den Lehrer acht. –

Nun war dieser brave Lehrer
Von dem Tobak ein Verehrer,
Was man ohne alle Frage
Nach des Tages Müh und Plage
Einem guten alten Mann
Auch von Herzen gönnen kann. –
– Max und Moritz, unverdrossen,
Sinnen aber schon auf Possen,
Ob vermittelst seiner Pfeifen
Dieser Mann nicht anzugreifen. –
– Einstens, als es Sonntag wieder
Und Herr Lämpel, brav und bieder,

In der Kirche mit Gefühle
Saß vor seinem Orgelspiele,

Schlichen sich die bösen Buben
In sein Haus und seine Stuben,
Wo die Meerschaumpfeife stand;
Max hält sie in seiner Hand;

Aber Moritz aus der Tasche
Zieht die Flintenpulverflasche,
Und geschwinde, stopf, stopf, stopf!
Pulver in den Pfeifenkopf. –
Jetzt nur still und schnell nach Haus,
Denn schon ist die Kirche aus. –

– Eben schließt in sanfter Ruh
Lämpel seine Kirche zu;

Und mit Buch und Notenheften,
Nach besorgten Amtsgeschäften

Lenkt er freudig seine Schritte
Zu der heimatlichen Hütte,

Und voll Dankbarkeit sodann
Zündet er sein Pfeifchen an.

»Ach!« – spricht er – »die größte Freud
Ist doch die Zufriedenheit!!!«

Rums!! – da geht die Pfeife los
Mit Getöse, schrecklich groß.
Kaffeetopf und Wasserglas,
Tobaksdose, Tintenfaß,
Ofen, Tisch und Sorgensitz –
Alles fliegt im Pulverblitz. –

Als der Dampf sich nun erhob,
Sieht man Lämpel, der gottlob!
Lebend auf dem Rücken liegt;
Doch er hat was abgekriegt.

Nase, Hand, Gesicht und Ohren
Sind so schwarz als wie die Mohren,
Und des Haares letzter Schopf
Ist verbrannt bis auf den Kopf. –

Wer soll nun die Kinder lehren
Und die Wissenschaft vermehren?
Wer soll nun für Lämpel leiten
Seine Amtestätigkeiten?
Woraus soll der Lehrer rauchen,
Wenn die Pfeife nicht zu brauchen??

Mit der Zeit wird alles heil,
Nur die Pfeife hat ihr Teil. –

Dieses war der vierte Streich,
Doch der fünfte folgt sogleich.

Fünfter Streich

Wer in Dorfe oder Stadt
Einen Onkel wohnen hat,
Der sei höflich und bescheiden,
Denn das mag der Onkel leiden. –
– Morgens sagt man: »Guten Morgen!
Haben Sie was zu besorgen?«
Bringt ihm, was er haben muß:
Zeitung, Pfeife, Fidibus. –
Oder sollt es wo im Rücken
Drücken, beißen oder zwicken,
Gleich ist man mit Freudigkeit
Dienstbeflissen und bereit. –
Oder sei's nach einer Prise,
Daß der Onkel heftig niese,
Ruft man »Prosit!« allsogleich,
»Danke, wohl bekomm es Euch!« –
Oder kommt er spät nach Haus,
Zieht man ihm die Stiefel aus,
Holt Pantoffel, Schlafrock, Mütze,
Daß er nicht im Kalten sitze –
Kurz, man ist darauf bedacht,
Was dem Onkel Freude macht. –

– Max und Moritz ihrerseits
Fanden darin keinen Reiz. –
Denkt euch nur, welch schlechten Witz
Machten sie mit Onkel Fritz! –

Jeder weiß, was so ein Mai-
Käfer für ein Vogel sei. –

In den Bäumen hin und her
Fliegt und kriecht und krabbelt er.

Max und Moritz, immer munter,
Schütteln sie vom Baum herunter.

In die Tüte von Papiere
Sperren sie die Krabbeltiere. –

Fort damit, und in die Ecke
Unter Onkel Fritzens Decke!

40

Bald zu Bett geht Onkel Fritze
In der spitzen Zippelmütze;
Seine Augen macht er zu,
Hüllt sich ein und schläft in Ruh.

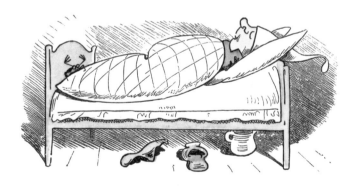

Doch die Käfer, kritze kratze!
Kommen schnell aus der Matratze.

Schon faßt einer, der voran,
Onkel Fritzens Nase an.

42

»Bau!!« – schreit er – »Was ist das hier?!!«
Und erfaßt das Ungetier.

Und den Onkel, voller Grausen,
Sieht man aus dem Bette sausen.

»Autsch!!« – Schon wieder hat er einen
Im Genicke, an den Beinen;

Hin und her und rund herum
Kriecht es, fliegt es mit Gebrumm.

44

Onkel Fritz, in dieser Not,
Haut und trampelt alles tot.

Guckste wohl! Jetzt ist's vorbei
Mit der Käferkrabbelei!!

45

Onkel Fritz hat wieder Ruh
Und macht seine Augen zu. –

Dieses war der fünfte Streich,
Doch der sechste folgt sogleich.

Sechster Streich

In der schönen Osterzeit,
Wenn die frommen Bäckersleut,
Viele süße Zuckersachen
Backen und zurechtemachen,
Wünschten Max und Moritz auch
Sich so etwas zum Gebrauch. –

46

Doch der Bäcker, mit Bedacht,
Hat das Backhaus zugemacht.

Also, will hier einer stehlen,
Muß er durch den Schlot sich quälen. –

Ratsch!! – Da kommen die zwei Knaben
Durch den Schornstein, schwarz wie Raben.

Puff!! – Sie fallen in die Kist,
Wo das Mehl darinnen ist.

Da! Nun sind sie alle beide
Rund herum so weiß wie Kreide.

Aber schon mit viel Vergnügen
Sehen sie die Brezeln liegen.

Knacks!! – Da bricht der Stuhl entzwei;

Schwapp!! – Da liegen sie im Brei.

Ganz von Kuchenteig umhüllt
Stehn sie da als Jammerbild. –

Gleich erscheint der Meister Bäcker
Und bemerkt die Zuckerlecker.

Eins, zwei, drei! – eh man's gedacht,
Sind zwei Brote draus gemacht.

In dem Ofen glüht es noch –
Ruff!! – damit ins Ofenloch!

Ruff!! – man zieht sie aus der Glut –
Denn nun sind sie braun und gut. –

– Jeder denkt, »die sind perdü!«
Aber nein! – noch leben sie! –

53

Knusper, knasper! – wie zwei Mäuse
Fressen sie durch das Gehäuse;

Und der Meister Bäcker schrie:
»Achherrje! da laufen sie!!« –

Dieses war der sechste Streich,
Doch der letzte folgt sogleich.

Letzter Streich

Max und Moritz, wehe euch!
Jetzt kommt euer letzter Streich! –

Wozu müssen auch die beiden
Löcher in die Säcke schneiden?? –

– Seht, da trägt der Bauer Mecke
Einen seiner Maltersäcke. –

Aber kaum daß er von hinnen,
Fängt das Korn schon an zu rinnen.

Und verwundert steht und spricht er:
»Zapperment! Dat Ding werd lichter!«

56

Hei! Da sieht er voller Freude
Max und Moritz im Getreide.

Rabs!! – in seinen großen Sack
Schaufelt er das Lumpenpack.

Max und Moritz wird es schwüle,
Denn nun geht es nach der Mühle. –

»Meister Müller, he, heran!
Mahl er das, so schnell er kann!«

»Her damit!!« – Und in den Trichter
Schüttelt er die Bösewichter. –

Rickeracke! Rickeracke!
Geht die Mühle mit Geknacke.

Hier kann man sie noch erblicken
Fein geschroten und in Stücken.

Doch sogleich verzehret sie

Meister Müllers Federvieh.

Schluß

Als man dies im Dorf erfuhr,
War von Trauer keine Spur. –
– Witwe Bolte, mild und weich,
Sprach: »Sieh da, ich dacht es gleich!« –
– »Ja ja ja« rief Meister Böck –
»Bosheit ist kein Lebenszweck!« –
– Drauf so sprach Herr Lehrer Lämpel:
»Dies ist wieder ein Exempel!« –
– »Freilich!« meint der Zuckerbäcker –
»Warum ist der Mensch so lecker?!« –
– Selbst der gute Onkel Fritze
Sprach: »Das kommt von dumme Witze!« –
– Doch der brave Bauersmann
Dachte: »Wat geiht meck dat an?!« –
– Kurz, im ganzen Dorf herum
Ging ein freudiges Gebrumm:
»Gott sei Dank! Nun ist's vorbei
Mit der Übeltäterei!!«

Nachwort

Der vierzehnjährigen Pfarrerstochter Lotte Bartels schrieb der 69jährige Wilhelm Busch am 22. März 1901:

Du fragst, ob Max und Moritz eine wahre Geschichte sei. Nun so ganz wohl nicht. Das meiste ist bloß so ausgedacht, aber einiges ist wirklich passiert, und denn, daß böse Streiche kein gutes Ende nehmen, da wird sicher was Wahres dran sein.

»... wirklich passiert?« – Als ich, sechs Jahre alt, meinen Max und Moritz zwar noch nicht lesen, aber wenigstens hersagen konnte, habe ich versucht, zwei Streiche nachzuspielen. Nun, die Hühner auf dem Hof des Nachbarn fraßen das Brot – aber die Fäden ließen sie liegen. Und die Maikäfer, die ich einem seelensguten Onkel zugedacht hatte, waren längst auf und davon, als er spät zu Bett ging. Es lief also beidemale auf das *so ganz wohl nicht* hinaus. Ähnlich wird es auch anderen Nachspielern ergangen sein. –

Vier Jahre nach dem Brief an Lotte, 1905, antwortete Busch einem kindlichen Frager etwas vorsichtiger:

Max und Moritz machten beide,
Als sie lebten, keinem Freude.
Bildlich siehst Du jetzt die Possen,
Die in Wirklichkeit verdrossen,
Mit behaglichem Gekicher,
Weil Du selbst vor ihnen sicher.
Aber das bedenke stets:
Wie man's treibt – mein Kind – so geht's.

Immerhin: ... *als sie lebten...*! Es gibt wenig Kinder, in denen nicht ein Stück von Max und/oder Moritz weiterlebt. Wie es sich entfaltet, steht auf einem anderen Blatt. –

Immerhin: ... *Die in Wirklichkeit verdrossen...*! Aber es ist eine hypothetische, wenngleich unleugbare Wirklichkeit – so wie im Märchen. Man kann darüber lachen, denn das alles war ja anderswo, und es liegt weit, weit weg und weit zurück: Ein Schneider, so schlank, daß ihn zwei Gänse retten können; ein Backofen, in dem es so gemütlich glüht, daß zwei dem knusperbraunen Gehäuse kerngesund entfliehen können; ein Mahlwerk schließlich, das – rickeracke – Lausbuben zerschrotten kann, ohne daß Blut fließt.

Der vierte Streich ist die Ausnahme von der Regel. Er könnte so oder noch viel schlimmer »wirklich passieren«, wenn einige Bedingungen erfüllt wären: Schießpulver, eine *lange* Pfeife, ein vertrauensseliger Raucher und ein Fidibus. Busch schöpfte aus Erinnerungen. Ein einziges Mal tat der brave Wilhelm einen unerlaubten Griff und wurde schwer dafür bestraft: *Beim Küster diente ein Kuhjunge... Er hatte in einen rostigen Kirchenschlüssel ... ein Zündloch gefeilt... Bloß das Pulver fehlte ihm noch zu Blitz und Donner. Infolge seiner Beredsamkeit machte ich einen stillen Besuch bei einer gewissen steinernen Kruke, die auf dem Speicher stand. Nachmittags zogen wir mit den Kühen auf die einsame Waldwiese. Großartig war der Widerhall des Geschützes. Und so beiläufig ging auch ein altes Bäuerlein vorbei... – Abends kehrte ich fröhlich heim und freute mich so recht auf das Nachtessen. Mein Vater empfing mich an der Tür und lud mich ein, ihm auf den Speicher zu folgen. Hier ergriff er mich am linken Flügel und trieb mich vermittels eines Rohrstockes im Kreise umher, immer um die Kruke herum, wo das Pulver drin war. Wie peinlich mir das war, ließ ich weithin verlautbaren. Und sonderbar! Ich bin weder Jäger noch Soldat geworden.*

Das war in Wiedensahl. Wohl ein Jahr danach – in Ebergötzen – strafte der *äußerst milde* Pastor Kleinen seinen zehnjährigen Neffen und Zögling *mit einem trockenen Georginenstengel, weil ich den Dorftrottel geneckt hatte. Dem war die Pfeife voll Kuhhaare gestopft und dienstbeflissen angezündet. Er rauchte sie aus, bis aufs letzte Härchen, mit dem Ausdruck der seligsten Zufriedenheit. Also der Erfolg war unerwünscht für mich in zwiefacher Hinsicht. Es macht nichts. Ein Trottel bleibt immer eine schmeichelhafte Erinnerung.* Nachzulesen in detebe 20113 ›Von mir über mich‹.

Wie diese beiden Erlebnisse im vierten Max-und-Moritz-Streich zu einem Attentat zweier Nonkonformisten auf einen »braven Lehrer« zusammengeflossen sind und welche seelischen Traumata dabei mitgewirkt haben, sollte einmal ein Psychoanalytiker untersuchen. Die *schmeichelhafte Erinnerung* an einen Trottel ist ein zu dürftiges Pflaster auf die Schocks, die der sechzigjährige Busch noch nicht verwunden hatte.

Was den 32jährigen Verfasser des Max und Moritz betrifft, so hatte der einige Gründe, mit seinem Schicksal zu hadern. 1832 in dem 50 km westlich von Hannover gelegenen Marktflecken Wiedensahl geboren, hatte er einst acht Semester Maschinenbau studiert, dann in Düsseldorf, Antwerpen und München versucht, »Maler zu werden«. Den Ehrgeiz, sein »Brot mit Malen zu verdienen«, gab er in München endgültig auf. Statt dessen wurde er dort vom Herausgeber der humoristisch-satirischen Wochenschrift ›Fliegende Blätter‹ entdeckt und schließlich berühmt als heiterer Bild-Erzähler, aber auch als Dichter der ›Kritik des Herzens‹. Mehr darüber steht in den Diogenes-Taschenbüchern 20107 und 20113.

Als Busch im Februar 1865 *die Geschichte von Max und Moritz, die ich zu Nutz und eignem Plaisir auch gar schön in Farben gesetzt habe,* seinem Münchener Verleger Kaspar Braun anbot, da hatte ein anderer, Sohn des in Dresden wohnenden Malers und Zeichners Ludwig Richter, bereits dankend abgelehnt. Damit schlug dem Chef der ›Fliegenden‹ die Stunde. Er nahm das Angebot eines beinahe Abtrünnigen an und *das Ding recht freundlich in die Hand*... *Ich habe mir gedacht,* schrieb Busch weiter, *es ließe sich als eine Art kleiner Kinder-Epopöe vielleicht für einige Nummern der fliegenden Blätter und mit entsprechender Textveränderung auch für die* (Münchener) *Bilderbögen verwenden.* Darauf folgte, gut verpackt, das Geständnis:

Zu einer weiten Reise konnte ich mich in dieser kalten Jahreszeit nicht entschließen und bin auch dazu nicht eingerichtet (= kein Reisegeld); sonst hätte ich wohl schon zu Weihnachten mein Bündel geschnürt, um Ihnen persönlich zu sagen, wie sehr ich wünsche, nun bald wieder recht fleißig für Sie zu arbeiten.

Gang nach Canossa! Busch wurde freundlich aufgenommen, und die Bezahlung war besser als erwartet: 1000 Gulden, soviel wie 1700 (goldene!) Mark oder Schweizer Franken – in heutiger Währung mindestens zwanzigtausend – – ein für allemal. Der Pferdefuß »mit allen Rechten« zeigte sich erst hinterher. – Als Busch siebzig wurde, kam ein Schmerzensgeld von 20000 Mark aus München. Der Beschenkte gab es weiter an zwei Krankenhäuser in Hannover.

1865 gab's schon eine Frozzelei, als Busch, seiner drückenden Geldsorgen enthoben, seinen »besten Dank« nach München sandte:

... Ich habe mit Freuden gesehn, daß Sie mir Ihr früheres Wohlwollen und sich selber einen vortrefflichen Humor bewahrt haben. Da stehn Sie mir nun recht lebhaft vor Augen als ehrsam-heitrer Landmann, der, an der Spitze eines muntern Chors von Schnittern auf dem Felde mit der Ernte beschäftigt, einen vorüberschlendernden Strolchen betrachtet, der ich selber bin. »Schnitter« sind für den Landbewohner Busch, der in den großen Städten nur Gastspiele gibt, alle, die verdienen helfen. Wahrscheinlich hatte der Brief Brauns auch nach Neuigkeiten aus Wiedensahl gefragt: gute Gelegenheit, in der Antwort auf einen Schelmen anderthalbe zu setzen. Die Anspielungen auf das Abhängigkeitsverhältnis zu dem Verleger sind unüberhörbar:

Das Interessanteste, das ich hier sehe, ist der neunjährige Sohn meines Nachbars, der grad unter meinem Fenster den Tummelplatz seiner jugendlichen Spiele hat. Dieser junge Mensch macht sich in dem engen Kreise seiner Wirksamkeit das Leben so angenehm wie möglich. Ißt er sein Morgenbutterbrot, so versäumt er sicher nicht, einem hungrigen Hunde jeden Bissen erst vor die Nase zu halten, bevor er ihn selber ins

Maul schiebt; wodurch er sich, nebst der Annehmlichkeit, die der Genuß eines Butterbrots schon an sich zu gewähren pflegt, auch noch das Vergnügen verschafft, einen andern das entbehren zu sehn, was er selber genießt... – Muß er sich schneuzen, so schmiert er den Schleim ohne Frage auf den Türdrücker oder an den Pflugstiel; denn dadurch verschafft er sich erstens Luft, und zweitens die Genugtuung zu sehen, wie ein andrer hineintappt... Da hingen einige Jacken für Kaspar Braun bereit. Und auch die »Wiedensähler«, die dem Ältesten aus der Familie des Kaufmanns Friedrich Wilhelm Busch, diesem »Tagedieb« und »Hungerleider«, nachgelästert haben mögen, als er noch um seine Existenz bangen mußte, hätten sich diese Jacken anziehen können.

Doch der Bedankemichbrief ist noch nicht zu Ende. Da ist noch die Geschichte von dem Zaunkönig, der sich bei Frostwetter in Buschs Schlafzimmer verirrte. *Ich nahm das kleine Tierchen in meine Stube..., und bald waren alle alten Fliegenmumien radikal aufgezehrt. Jetzt setzte ich ihm gekochte Kartoffeln vor, vergebens; jetzt Grütze, nicht rühr an; jetzt einen Talgstummel, ohne Erfolg; jetzt Mehlwürmer, das war getroffen! Aber war es nun der Verlust der Freiheit, oder die Stubenluft, oder der Tobacksqualm – kurz – noch am selbigen Abend blusterte er die Federn auf, wackelte vor- und rückwärts, kroch in die Nähe des Ofens und verschied. Dieser Trauerfall rührte meinen kleinen Neffen, einen Knaben von vier Jahren, zu bitteren Tränen.*

Und dies, mein lieber Herr Braun, wären die wichtigsten meiner gegenwärtigen Erlebnisse...

Zwei Pole (gewiß nicht nur) kindlichen Verhaltens, zwischen denen viele Stufen liegen. Trotzig und patzig vorgetragener Anschauungsunterricht über die Hintergründe der Max-und-Moritz-Situation, nicht nur an die Adresse des Münchener Verlegers, sondern auch vorausschauend an die gerichtet, die nun bald meinten, vor einem gefährlichen Produkt warnen zu müssen. Zunächst »Lehrer und Pädagogen«, die die Neuerscheinung aus dem Hause Braun & Schneider pflichtgemäß anfeindeten, dann die Experten aus dem Buchhandel, die fast ausnahmslos bezweifelten, daß die Geschichte von den beiden bösen Buben eine zweite Auflage erleben würde.

Sie haben sich alle verrechnet, auch der Kritiker Friedrich Seidel, der 1883 wetterte: »Die für den ersten Anblick ganz harmlos und belustigend erscheinenden Caricaturen in ›Max und Moritz‹ und in anderen Büchern von W. Busch sind eins von den äußerst gefährlichen Giften, welche die heutige Jugend, wie man überall klagt, so naseweis, unbotmäßig und frivol machen.«

Vierzig Übersetzungen in 28 verschiedene Sprachen und Dialekte, viele Nachahmungen, Parodien, Vertonungen und Bearbeitungen des Max-und-Moritz-Stoffes stempeln die sieben Streiche zu dem mit Abstand populärsten Kinderbuch der Welt, und es gibt einige moderne Kinderbuchautoren, unter ihnen Tomi Ungerer und Maurice Sendak, die freudig bekennen, daß sie von Busch viel gelernt haben.

Friedrich Bohne

Wilhelm Busch
im Diogenes Verlag

Der Diogenes-Busch bringt:
Das Wichtigste von Wilhelm Busch als schöne Studien-
ausgabe in sieben Bänden, einzeln und in Kassette, herausgegeben von Friedrich Bohne, in Zusammenarbeit
mit dem Wilhelm-Busch-Museum in Hannover.
Alle Bildergeschichten sind nach Originalvorlagen,
nach Andrucken von den Originalhölzern oder nach
ausgesuchten Erst- und Frühdrucken reproduziert.
Alle Texte sind nach Handschriften, Verlagsabschriften
und Erstausgaben neu durchgesehen und mit einem
kritischen Anhang versehen.

Balduin Bählamm / Maler Klecksel
Herausgegeben von Friedrich Bohne
detebe 20112

Gedichte
detebe 20107

*Hans Huckebein / Fipps der Affe /
Plisch und Plum*
detebe 20111

Die fromme Helene
detebe 20109

Max und Moritz
detebe 20108

Tobias Knopp
detebe 20110

*Eduards Traum / Der Schmetterling
und Autobiographisches*
detebe 21899

Tomi Ungerers
Hausbücher und Kinderbücher
im Diogenes Verlag

Das große Liederbuch
Über 200 deutsche Volks- und Kinderlieder. Gesammelt von Anne Diekmann unter Mitarbeit von Willi Gohl. Mit vielen bunten Bildern von Tomi Ungerer

Schnipp Schnapp
oder Was ist was?

Tomi Ungerer's Tierleben

Das große Buch vom Schabernack
333 lustige Bilder von Tomi Ungerer mit frechen Versen von Janosch

Die drei Räuber
Aus dem Amerikanischen von Tilde Michels

Crictor die gute Schlange
Deutsch von Hans Ulrik

Der Mondmann
Deutsch von Elisabeth Schnack

Warwick und die 3 Flaschen
Geschichte von André Hodeir. Deutsch von Anna von Cramer-Klett

Zeraldas Riese
Deutsch von Anna von Cramer-Klett

Der Bauer und der Esel
Geschichte von J. B. Showalter nach J. P. Hebel. Deutsch von Anna von Cramer-Klett

Der Zauberlehrling
Geschichte von Barbara Hazen nach Johann Wolfgang Goethe. Deutsch von Hans Manz

Der Hut
Deutsch von Claudia Schmölders

Das Biest des Monsieur Racine
Deutsch von Hans Manz

Papa Schnapp und seine noch-nie-dagewesenen Geschichten
Deutsch von Anna von Cramer-Klett

Kein Kuß für Mutter
Deutsch von Anna von Cramer-Klett

Tomi Ungerer's Märchenbuch
Mit Märchen von Andersen, den Brüdern Grimm, Tomi Ungerer und anderen. Deutsch von Gerd Haffmans, Hans Georg Lenzen und Hans Wollschläger

Kleopatra fährt Schlitten
Geschichte von André Hodeir. Deutsch von Anna von Cramer-Klett

Alle Abenteuer der Familie Mellops, alle deutsch von Anna von Cramer-Klett.

Mr. Mellops baut ein Flugzeug
Familie Mellops findet Öl
Die Mellops auf Schatzsuche
Die Mellops als Höhlenforscher
Familie Mellops feiert Weihnachten

Das kleine Kinderliederbuch
Eine Auswahl aus dem Großen Liederbuch

Das kleine Liederbuch

Rufus die farbige Fledermaus
Orlando der brave Geier
Adelaide das fliegende Känguruh
Emil der hilfreiche Krake
Alle vier übersetzt von Anna von Cramer-Klett und zusammen mit ›Crictor‹ in ›Tomi Ungerers lustiger Tier-Kassette‹

Der flache Franz
Geschichte von Jeff Brown

Maurice Sendak
im Diogenes Verlag

Wo die wilden Kerle wohnen
Deutsch von Claudia Schmölders
Ein Diogenes Kinderbuch

Die Mini-Bibliothek
Vier Bändchen in Kassette. Deutsche
Verse von Hans Manz
1 war Hans. Ein Zählbuch
Hühnersuppe mit Reis. Ein Buch mit den
12 Monaten
Alligatoren allüberall. Ein Alphabet
Klaus – ein warnendes Beispiel. In fünf
Kapiteln und einem Prolog

Daraus auch einzeln:
Hühnersuppe mit Reis
kinder-detebe 25006

*Hektor Protektor und Als ich
über den Ozean kam*
Zwei alte Kinderreime, in deutsche Verse
gebracht von Hans Manz. Ein Diogenes
Kinderbuch

In der Nachtküche
Deutsch von Hans Manz. Ein Diogenes
Kinderbuch

Ein lieber böser Köter
oder Willst Du wirklich einen Hund? Geschichte von Maurice Sendak und Matthew
Margolis. Deutsch von Lili-Ann Bork und
Ute Haffmans. Ein Diogenes Kinderbuch

Als Papa fort war
Ein Diogenes Kinderbuch

Higgelti Piggelti Pop!
oder Es muß im Leben mehr als alles geben.
Aus dem Amerikanischen von Hildegard
Krahé. Ein Diogenes Kinderbuch. Auch als
kinder-detebe 25041

Das Schild an Rosis Tür
Deutsch von Ute Haffmans
kinder-detebe 25048

*Diogenes Portfolio 3
Maurice Sendak*
Die 19 schönsten Blätter aus der Bilderbuch-
welt des Maurice Sendak. Mit einer Vorrede
des Künstlers. Kassette. Einmalige Ausgabe
von 1000 numerierten Exemplaren

Janosch
im Diogenes Verlag

Für Kinder und Erwachsene:

Das große Buch der Kinderreime
Die schönsten Kinderreime aus alter und uralter Zeit aufgesammelt sowie etliche ganz neu dazuerfunden und bunt illustriert. Diogenes Hausbuch

Rasputin
Das Riesenbuch vom Vaterbär. Sechsundsechzig Geschichten aus dem Familienleben eines Bärenvaters. Diogenes Hausbuch

Ich mach dich gesund, sagte der Bär

Guten Tag, kleines Schweinchen

Riesenparty für den Tiger

Tiger und Bär im Straßenverkehr

Schimanzki
Die Kraft der inneren Maus

Das Lumpengesindel

Das tapfere Schneiderlein

Hallo Schiff Pyjamahose

Der Froschkönig

Der alte Mann und der Bär

Die Fiedelgrille und der Maulwurf
Janoschs Lieblingsgeschichte mit neuen, total verzauberten Bildern

Herr Korbes will Klein Hühnchen küssen

Janoschs Entenbibliothek
4 Bändchen in mini-Box: Alle meine Entlein, Eia Popeia, Circus Popcorn, Alle meine Enten von A-Z

Alle meine Enten von A – Z
Mein erstes Adreßbuch

Rasputin der Lebenskünstler
Bibliothek für Lebenskünstler

Es war einmal ein Hahn
Keine wahre Geschichte von Janosch

Janoschs Hosentaschenbücher:

Das Haus der Klaus

Der Esel & die Eule

Der kleine Affe

Kleines Schweinchen, großer König

Die Tigerente und der Frosch

Ich kann schon zählen: 1, 2, 3

ABC für kleine Bären

Ein kleiner Riese

Für Erwachsene:

Cholonek oder Der liebe Gott aus Lehm
Roman. detebe 21287

Weitere Werke in Vorbereitung